그 어디에도 살지 않는다는 말

강성재 시집

문학의전당 시인선
0333

그 어디에도 살지 않는다는 말

강성재 시집

문학의전당

시인의 말

나는 너무 멀리 걸어왔거나
걸어갔다.

나의 삶이
흐르는 강의 물빛이라면

내 시는
그대의 눈가에 맺히는
따뜻한 눈물 한 방울이어도
참 좋겠다.

2020년 11월
강성재

차례　　　　　　　　시인의 말

제1부

못　13
호른 부는 아침　14
발우　16
나는 겨울 자작나무 숲으로 간다　18
봄날을 위한 시　20
시집 속의 꽃밭　21
곁　22
틈과 사이에 대한 견해　24
에곤 실레를 위한 변명　26
아그배나무 아래　28
얻지 못한 문장　29
모과　30
끈　32
라면을 끓이는 시간에 대한 고찰　34
그 길이 환하다　36

철탑 위의 집　38
풍향계　40

제2부

반성　43
빈집, 새 들다　44
다시, 금남로에서　46
메타세쿼이아　48
섬진강 꽃길　50
막차를 기다리며　52
책과 빵　53
나진국밥　54
하지, 감자를 캐며　56
그 집 앞 슈퍼가 있는 동네　58
고양이를 품다　60

금빛건어물상회 62

니르바나의 꽃 64

바람의 결 65

용월사 66

나이테 68

게발선인장 70

반드시 가야 할 그 길 72

제3부

숭어는 죽어서도 눈을 감지 않는다 75

어머니의 겨울 바다 76

갯마을에 눈꽃이 핀다 78

꿈 80

와온포구 82

꽃낚시 84

와불	85
금오도	86
삼학집	88
은적암을 찾아서	90
북항	92
복개도가 있는 마을 풍경	94
와온의 사랑	96
타리파시	98
닻	100

해설 | 언어의 붓이 그리는 풍경의 힘　101
　　　오민석(문학평론가·단국대 교수)

제1부

못

속내를 알 수 없는 고집불통이다
일각이다

몸통을 향해 달려들어 꽂히는 저 힘
망치의 주먹을 맞받으며
못은 뿔을 세운다

몸이 뭉개지는 아픔 속에서도
울음을 삼키며
살 떨림을 견뎌내는 못

불꽃을 물고서도
뿔을 꺾지 않는다

호른 부는 아침

붉은 바닷가의 집
녹색 커튼을 살며시 열어보는 아침 해
내려다보는 백사장엔 모시조개가 제 살을 비우고
날아오를 듯 흰나비로 앉아 있다
먼 길 가려는 바람은 물너울을 타고 온다
모래톱 위를 종종종 걷는 물떼새
안개는 빨판을 달고 배 한 척 붙들어 놓지를 않는다

길을 내려가 보면 바다가 보여주는 손바닥
잠든 바위를 깨우다 시퍼렇게 멍이 다 들었다
파도는 모래사장에 음표를 새겨두고
도레시 라솔미 오르내린다
바다가 들려주는 고요하고 부드러운 음악
사랑이란 단어를 적어 넣으면
오선지 위에서 저토록 따뜻하게
꽃으로 피는 말이 있을까

바다를 향해 걸어가다

딱, 그만큼의 거리에서 발걸음을 멈춘 해안선
메꽃이 피어 호른을 분다
맨 처음 입술을 열 때 첫사랑이 저랬을 것이다
한 잎 수줍은 입술이 파르르 떨다
천천히 입을 오므린다

발우

아직도 내려놓지 못한 업이 있을까
환생처럼 흰나비 떼가 날고 있다
계절보다 먼저 출가한 길 발등이 보이지 않는다
달마에게 가르침을 청하던 혜가의 팔이었을까
잘린 나뭇가지를 들었다
지상으로 펼쳐지는 두루마리 경전
눈이 어두워 그 눈길의 점자를 더듬으며 간다
앞장서 오르는 돌계단의 발걸음

길섶엔 마른 풀잎이 열반에 들었다
사락, 가벼워진 몸이 바서져 내릴 때
비운다는 것은 가장 낮은 자세로 가라앉는다는 것
가슴에 사리를 담고 합장하고 서 있는 부도들
한 생이 다 가도록 앉지 못한 맨몸의 감나무
서서 두 팔을 들자 그 뜻을 읽었다는 듯 *끄덕끄덕*
왼손에 날아와 앉는 오목눈이
감나무는 손끝을 말아 붉어진 주먹밥을 보시하고 있다

무한 천공은 구도의 길이었을까
넘침도 모자람도 없이 응기(應器)들이 모여앉은 자리
반송의 발우 위에 흰빛으로 쌓이는 눈
금강의 등을 타고 내리는 눈송이가
산중에 새 절간을 짓고 있다
나는 이 길 위에서
어제 당신이 나를 두고 간 까닭을
오늘 묻지 않기로 한다

바다에 닿아 제 몸을 불사르는 해의 다비식
서녘 하늘에 불꽃이 타오르고 있다
고개를 들어 바라보면 묵언수행 중인 산사
하늘을 받드는 은행나무 아래에서 나는
가만 두 손을 모은다

나는 겨울 자작나무 숲으로 간다

허공의 뜰에 눈이 내리는 날이면 나는
겨울 자작나무 숲으로 간다
지상엔 눈부신 눈밭
올곧은 기도가 하늘에 가닿는 산 아래
숲을 이룬 나무들은 왜 흰 살결인가를 생각한다
상처 없는 나무는 없다
한 생을 나도 상처 입은 나무처럼 살았다
아니 제 상처를 핥는 짐승처럼 살았다
이곳에 와서 나는 다친 몸을 끌고
어디론가 흔적 없이 사라지던 눈표범을 생각한다
시베리아 바이칼호, 티베트 고원의
눈 쌓인 설원을 생각한다
귓불을 잡아당기며 산정을 넘는 칼바람 소리
지난가을 천 개의 씨앗을 가슴에 품은
자작나무 열매는 씨방의 문을 열고
바람이 불 때마다 하나, 둘
새를, 나비를 멀리 날려 보냈다
흰 피부에 검은 상처를 안고 있는 나무들

때론 나무의 상처가 위로가 될 때가 있다
지상으로 꺾인 나무는 불 속에 몸을 던져
자작자작 말을 건네 오고
다시 청보랏빛 하늘을 뒤덮는 눈보라의 군무
가지마다 점묘화로 피어나는 눈꽃송이들
겨울 숲에서 얼마나 손발이 시려야
그대의 따뜻한 가슴에 닿을 수 있는 것인지
산등성이에서 나는 한 그루 자작나무가 되어
오래도록 당신을 기다리며* 서 있다

---

* 당신을 기다리며: 자작나무 꽃말.

봄날을 위한 시

꽃은 흰 피를 흘리며 피어나고
길은 절뚝거리며 우리 곁에 걸어온다
서러운 봄날이여
가시에 찔려 울어보지 않은 새가 어디 있겠는가?
눈물로 쏟아지는 빗속에서도
바람의 날개는 젖지 않고 날아가느니
붉은 발톱에 봄날이 다 찢겨간다 해도
사람아, 울지 마라
상처에서 돋아나는 천 개의 눈
만 개의 잎잎이 손바닥을 펼치고 있다

시집 속의 꽃밭

일생이 시 한 행
일생이 시 한 편

받아 든
한 권의 시집을 펼치니
들판에 꽃이 핀다

뒤돌아보면 아득한
시의 지평을 걷고 있는
노시인

한 생이 꽃밭이다

곁

가버린 사랑이 그대의 곁이 아니듯
눈먼 그리움도 그대의 곁이 될 수 없다
곁은 늘 곁에 있고 싶어 해서
혼자 있기를 좋아하지 않는다

멀리 사는 형제가 멀어진 친척이
그대가 외로울 때, 그대가 아플 때
달려와 곁이 될 수 있겠는가?
당신에게 아스피린 한 알을 건네는
당신의 이웃이 곁이다

어느 낯선 도시를 혼자 여행할 때
비어 있는 그대 옆자리가 그대의 곁이다
당신이 무더위에 숨이 턱 막힐 때
손바닥을 펼쳐주는 나무 그늘이 그대의 곁이다
당신이 추위에 발을 헛디뎠을 때
가만 끌어안아 주는 모닥불이 그대의 곁이다

곁이 없는 사람은 쓸쓸하고
곁이 없는 사람은 외롭다
그러므로 곁은 오늘 만나자 하는 사람이고
그러므로 곁은 먼저 악수를 청하는 사람이고
그러므로 곁은 항상
미소를 보내주는 사람이다

옆을 잘 보는 사람은 그 자리를 알고 있고
곁을 잘 보는 사람은 그 사람을 알고 있다
곁은 친구이고
곁은 사랑이며
곁은 감사하는 마음이다

지금 이 순간 고개를 들면 보이는 것들
우리들의 소중하고 따뜻한
곁

틈과 사이에 대한 견해

간극(間隙)이라는 말
사이가 벌어졌다는 말
내가 너를 보게 되는 말
누군가 나의 뒷등을 바라보는 그 말

틈과 틈 사이엔
그늘진 길이 있고
너와 나를 보는 관음이 있고
함께 볼 수 없는 면과 면이 있다

사람과 사람 사이
입자와 입자 사이
공극(孔隙)으로 멀어진 그 말

길에서 너를 그리워하는 동안
살바람은 가고, 목비*는 오고
빗방울이 씨앗 하나를 심고 간다

무너져서는 안 되는 집
제비꽃이 피고 있다

---

*목비: 순우리말로 모낼 무렵에 한목 오는 비.

에곤 실레를 위한 변명

붓은 화가의 입
붓은 말을 하고 물감을 고르고 색칠을 한다
흰 캔버스 위에
감춰진 가면의 지퍼를 열면
어린 풀잎들은 검다

달마다 자줏빛 꽃을 피우는 연못
야윈 화가가 그리는 자화상
자위하는 남자*
꿈속에서 보다*
입술 더 붉다

아, 하고 꽃을 피우려는 듯
입은 둥근 봉오리를 맺는다
꽃잎이 만개하는 순간
자위는 자기 위로가 되지 못하고
늦가을의 어린나무처럼*
잎을 떨군다

거울이 내 앞에 서 있다
맑은 눈동자가 나를 바라보고 있다
내가 그에게 말을 건넨다
나는 이제 나의 생애에 대하여
나의 연애에 대하여
변명하지 않겠다
지독한 독감, 스물여덟의 불꽃
스러지기 위해 온몸을 불사른 남자
에곤 실레를 위하여

---

*에곤 실레의 작품 제목.

아그배나무 아래

가만히 아그배나무 아래 서서 본다

지천명의 아그배여
우듬지 아래
빈집을 키워가는 아그배여

사는 동안 아그배나무는
아기배일까 생각했고
사는 동안 아그배나무는
아고배일까 생각했다

바람의 손길이 써 내려가는 꽃잎 편지
아그배나무 아래에서 길을 묻다
뿌리에 습기를 적시는 아그배나무에게
시간은 눈물인지 모른다고
생각했다

얻지 못한 문장

쓰지 못한 문장이
그리지 못한 풍경이
산그늘에 가득하다

길 없는 길에 서서
한 자루 붓을 들고
가야 할 길 묻느니

어디서 오시는가?
길손에 손길 주시는 이여

해는 서산마루에 앉아
한마디 대답도 없이 얼굴만 붉어지는데
바람은 몸피도 부리도 없이
꽃잎 물고 날아간다

흔들리는 것이
바람 때문만은 아니다

모과

북위 33도 찻잔 속 고요라는 말이
크림처럼 부풀어 오른다
당신과 내가 올려다보는 하늘은 언제나 예각
가파른 기울기를 갖고 있다
당신의 순한 가슴을 적시는 비구름
소용돌이치는 저 짐승의 무리
내려다보는 눈빛이 형형하다
천둥은 하늘 너머로 포를 쏘고
쉑쉑, 잽을 날리는 바람의 주먹이 날아온다
반시계 방향으로 돌아가는 길 위에서
우리는 언제나 바깥이라는 말을 경계해야 한다
푸르고 비린 번개의 칼날
지상으로 내려치자 전신주의 몸이 잘려 나간다
모과나무도 손수건 몇 장을 도둑맞는다
올려치기도 하고 내려찍기도 하는 바람
테크니컬 파이터의 주먹이 맵다
포기라는 말을 혀 위에 올릴 때
유연하게 위빙 하는 모과

롱 훅을 어깨 위로 흘리며
글러브 낀 주먹을 뻗을 만큼 뻗었다가
재빠르게 거둬들인다
저 팔의 속도는 언제나 바람이다
가녀린 팔로 천근 무게를 견디는 것도
목숨을 내려놓지 않는 것도 모과나무의 일
모두가 끝이라고 생각할 때 씨방은 우주를 품는다

끈

당김을 습관으로 팽팽해지고
꼬임의 형식으로 매듭을 짓는다
묶임과 풀림의 방정식
끈을 놓는다는 것은 멀어진다는 것
젊음이 용줄 같던 아버지도
끈을 놓치자 그만 먼 길을 가셨다

어느 날엔 전화벨이 울리고
날숨을 내려놓듯 벨 소리가 끊긴다
발신인 표시가 없는 부재중 전화
누구였을까 누구였나?
떠나고 없어도 인연의 끈은 가족의 이름을 부른다
끈을 놓지 못해 끊을 수 없는 전화
이번 달에도 아버지 이름으로 청구서는
먼 길을 달려 우리 집을 찾아왔다

강을 건너가신 아버지를 생각하는 밤
잠든 아이들 얼굴을 물끄러미 내려다보며

나도 아버지의 아버지로 다가간다

사람과 사람 사이를 슬며시 당겨주곤 하던 끈
엉킴은 묶음의 형식이기도 하지만
서로를 옥죄인 매듭이 되기도 한다
얽힌 매듭은 서로 당겨서는 풀 수가 없다

라면을 끓이는 시간에 대한 고찰

허기란 어디에서 오는가
24시 리셋 버튼을 누른다
복귀란 첫음절로 돌아간다는 것
꼬인 생각을 풀어 라면을 끓인다
뜨겁게 소리가 일어서고 있다
서로를 껴안는 표면장력의 힘은 세다
손등으로 문을 두드리는 비
둥근 고리를 던지는 손끝이 차다
창문이 찔끔 눈물을 흘린다
방울을 맺는 것들의 슬픔은
늘 아프게 떨어진다는 것
문 밖 길고양이가 냄새를 맡고 있다
랜턴을 켠 두 눈동자
어둠을 먹고 사는 밤의 포식자들
눈길을 건네자 그만 울음을 쏟을 것만 같다
오랜 정원을 붙들고 서 있는 나무
발목 아래로 금빛 드레스가 흘러내린다
외면할 수 없는 밤, 목련의 사랑이여

네 살결은 이토록 희고 곱다
켜진 가스의 입술을 잠그며
나는 생각 없이 살진 않겠다
끓어오르는 라면 냄새가
출구를 찾고 있다

그 길이 환하다

봄볕이 사뿐 날아와 앉았다
입김을 훅 불어넣고 간 자리
직박구리 긴 혀가 돋아났다

그대, 삼월의 둥근 눈빛은 저토록 푸르렀던가

소리치던 그대는 가고
침묵하던 나는 남고
서녘 하늘에 제 몸을 비비던 붓꽃

그대, 사월의 끓어오르던 심장은 저토록 붉었던가

서로가 등을 맞대야 비로소 온전히 서는 몸
서로가 껴안고 돌아야 비로소 하나가 되는 몸
앉아 있는 벤치를 지긋이 내려다보며
손끝 마디마디 불을 밝히는 참등*

그대, 오월의 땅 피를 적시던 몸은 저토록 깊었던가

잊히지 않는 그대에게
아득히 멀어진 그대에게
손 편지를 쓰는 날이면
곤히 잠든 세상의 꽃밭을 찾아가는 길

그 길이 환하다

---

*참등: 등나무의 정확한 이름.

철탑 위의 집

무슨 소문을 들었던 것일까
곤히 잠든 겨울 대숲이 소란하다
누가 이 조용한 날의 몸을 흔드는가
잠든 댓잎들 귀가 쫑긋 열리고 있다
숲에서 일제히 까치가 하늘로 솟구쳐 오른다

공단으로 달려가는 8차선 길
차들의 심장이 붕붕거리는 대로변을 껴안고
고인 물에 살얼음 유리창을 단 논바닥
쩍쩍 손이 달라붙는 영하의 철탑이 서 있다
사생결단 머리띠를 묶은 노동자가 철탑을 오른다

─ 밀린 임금을, 아니면 죽음을 달라!

지상엔 더는 물러설 수 없다는 듯
스크럼을 짠 폴리스라인 경계의 바깥이 소란하다
나대지 흙바닥에 누워 신음 중이던 베니어합판
팔이 부러진 공사장 각목들을 데려와

노동자가 철탑 위에 까치집을 지었다
얼어버린 손을 놓친 나뭇가지의 비명
지상으로 투신하듯 떨어진다

중천의 오븐에서 구워진 해
서녘 하늘 선반에 놓여 식어가고 있다
어쩌면 어둠은 커다란 입, 허기진 블랙홀인지도 모른다
고함도, 대화도, 걸어오던 길도
어둠 속으로 빨려 들어가 사라진다
순간, 울컥하는 하늘
겨울비가 사내의 뜨거운 이마를 식히며 지상으로 내려온다

풍향계

바람이
간판의 뺨을 후려치는 날
옥상에
올라가 본 사람은
안다
온몸으로 버티고
죽을힘 다해
날아가고 있는
풍향계의 손끝이
바람의 심장이라는 것을

제2부

반성

피 흘린 나의 구두여

나는 얼마나 많은 거짓과 모순을
너의 족적 속에 감추고 살았는가

빈집, 새 들다

 농사짓던 큰샘골 김 씨가 떠난 뒤 몇 해가 가고 오고 얼음에 붙잡힌 강물 소리 또 풀렸는데 하나둘 논밭 팔아 강남으로 날아간 자식들은 길을 잃었는지 봄동이 꽃대를 올려도 고향에 날아올 줄 모른다

 부지깽이 들고 그림 그리던 흙벽 고요히 낙하하는 햇살이 빗살무늬토기를 굽고 있다 검푸른 새벽잠을 깨우던 삽날은 논물에 몸 적시던 지난날을 매듭진 못줄에 새겨 넣고 곳간 등짝에 기대 녹이 슬었다 묵은 논밭 갈아 새 땅 일구던 쟁기마저 소가 벗어두고 떠난 멍에를 목에 걸고 잠이 들었다

 누군가 뜯어간 부엌문 틈새로 입 큰 아궁이는 말문을 닫았다 주춧돌에 올라선 기둥들이 쓰러져가는 집을 세우느라 안간힘을 쓰고 있다 길손처럼 종종걸음으로 드나드는 바람, 대들보에 적힌 집의 내력을 옮겨 적고 마당에 쌓인 낙엽을 쓸고 걸어 나간다 골다공증을 앓고 누워 있는 문지방 녹슨 경첩 손끝으로 간신히 부여잡은 대문이 끄윽 관절 꺾는 소리를 내고 있다

무논엔 자운영 꽃밭, 사랑을 부르는 소리 이토록 애절해도 되는 것인가 귀 울고 목 다 쉬었다 주인 잃은 집 둥지를 엮는 곤줄박이가 갸웃, 아지랑이 피는 봄날을 뚫어지게 바라보다 빈집에 새, 들어앉는다

다시, 금남로에서

이 거리에 봄이 오면 잊을 수 있을까
막다른 골목으로 쫓기던 사내 하나
가슴이 찢겨진 서터문의 비명과
바닥으로 나뒹굴던 동전 몇 닢
길에서 쓰러진 자전거는 주인을 잃어버리고
집으로 걸어가던 발걸음을 담지 못하던 신발들
총성 속으로 일제히 날아오르던 무등산 멧비둘기 떼

나 일어나 다시 이 거리에 서면 잊을 수 있을까
고래의 심장을 달고 날숨을 뿜어 올리던 도청 분수대
금남로를 따라 걸어가던 가로수 행렬들
비에 젖어 흔들리며 눈빛이 자꾸만 흐려지던 연등
등골을 타고 흘러내리던 따뜻한 피
아물지 않는 상처를 나무는
아직도 제 몸속 옹이의 눈으로 기억하고 있으리니
봄마다 푸른 잎맥을 밀어 올리며 눈뜨고 있으리니

살아나 다시 이 거리를 내달리면 잊을 수 있을까

목쉰 사내의 절규, 울먹이던 버드나무 소녀와 까까머리 소
년들
 강의실마다 쓰다 만 대학노트 위에 눌러쓰던 그 이름
 불러보리 사무치게 떨리는 손을 잡고
 후렴부터 부르리 마디마디 꺾이다 만 노래를 마저 부르리
 박달나무 아래 쓰러진 이름들
 개머리판 아래 짓이겨진 이름들
 트럭에 실려 돌아오지 않던 이름들

 총구 앞에 목 놓아 부르리
 무덤 앞에 목 놓아 부르리
 이 거리에 봄이 오면

메타세쿼이아

메타 가로수길에 서서
세쿼이아* 부르면
키 큰 나무들이 인디언 추장처럼 창을 겨누고
피톤치드 피톤치드 하늘을 찌르지

세상에서 가장 작은 마을 모따오치**
외딴 숲속에서 대를 이어온 메타세쿼이아
지금도 장강의 물줄기를 따라 마을을 이루고
수삼(水杉)으로 살아가고 있네

멸종이라는 말
지금은 그 어디에도 살지 않는다는 말
백악기 이후 공룡의 어깨를 짚으며
포효 소리를 귀에 담고
화석 속으로 걸어 들어간 메타세쿼이아
삼백만 년을 살아서 건너온 시간은
얼마나 아득한 깊이인가

가로수길을 걸으며
메타세쿼이아, 하고 그 이름을 부르면
키 큰 사내들이 몰려와 첨탑을 세우고
피톤치드 피톤치드 행성 하나쯤
향기로 덮어버릴 기세로 하늘을 찌르지

---

* '영웅'이란 뜻을 지닌 체로키 인디언 부족 추장의 이름에서 유래.
**쓰촨성 인근 양쯔강 부근에 있는 마을 이름 마도곡(磨刀溪).

섬진강 꽃길

　나비가 나는 꿈을 꾸고 섬진강에 갔지요 늦잠 자다 깬 매화는 흰나비 떼로 살랑살랑 날아가고 온몸으로 분분히 내리는 꽃비를 맞으며 걸었지요 꽃길은 섬진강 따라 바다로 무장무장 흘러갔고요 이 산과 저 산 사이 물길을 마주한 채 사람들 안부가 그리워지는 강변 개나리는 또 노란 부리로 햇살을 콕콕 쪼고 있는데 하, 이게 어젯밤 꿈인가 했지요 지리산 골마다 바람의 아픈 이야기를 듣다가 흐르는 물도 쉬어가는 강가 바윗돌에 앉아 보았지요 하늘에서 졸고 있는 낮달도 올려다보고요 평사리 악양 들녘 풋보리며 밀들의 물결, 노 젓는 소리 들렸지요 야생 차나무는 연초록 혀를 내밀고, 거기 그리운 유년의 집이 있을 것만 같아요 마당가에는 할아버지처럼 염소가 흰 수염을 달고 앉아 나를 기다리고 있을 것만 같아요 풀을 지고 소를 몰아 돌아오던 산길은 다 지워졌을까요? 홀랑 벗고서도 부끄럽지 않던 날들이, 몽고반점 다 지워질 때까지 뛰놀던 동무들이 그리워요 바닷물과 강물이 부둥켜안는 모래밭 갱조개 날개가 돋아 나비로 날아갈까 손에 꼭 쥐었던 그 재첩이 제 몸에다 나이테를 새기고 있네요 물속에 반달을 띄우고 있네요 섬진강 물길을 달려 부챗살 파문을 남기며 돌아오는 배 푸른

물무늬를 따라온 해가 풍덩, 하동포구 얼굴 붉어지네요 백리 길에 꽃물 흐르네요

막차를 기다리며

막차를 기다리며
마지막 희망을 생각한다
쓰러지고 쓰러져서도 다시 살아오는
오월을 생각한다

몸 다 넌 이 한철
막차를 기다리며
뼈까지 얼어붙는 성에를 털어내며
나는 알몸이 된다
벗어본 사람만이 부끄러움을 알고
부끄럽지 않은 겨울나무가 된다

오리라는 그대 오지 않고
어둠이 더 큰 먹으로 세상을 지울수록
나는 이마에 그리운 등불 하나를 걸어둔다

맑은 눈의 그대가 와서
외롭지 않도록

책과 빵

초등학교 입학식 날
개나리색 어머니를 가슴에 달고
나는 종달새가 되어 산을 넘었다
혼자 개울가에 발자국 징검다리를 놓으며
외로이 들길을 가로질러
이제 막 피어난 작은 들꽃이 되었다
도시로 끈을 이어주던
푸른 소나무 시오리 길
바다를 실어 건네주던 나룻배
내내 어머니 손을 놓지 못하는 아이들과
풍금처럼 우는 아이들과
운동장 가운데 앞으로 나란히
오래도록 서 있던 그날
이후, 빵을 굽는 어머니
가슴속에 놓여 닳고 닳아
읽히고 있는 책 한 권의 제목을
나는 결코 지우지 못한다

나진국밥

하현달 국도가 속눈썹을 달고 지나가는 마을
그리운 옛 이름 나지개
낮은개 포구가 감싸 안은 푸른 얼굴
산과 들, 전봇대 하나
물무늬 바다가 보고 싶었던 것일까
바닷물에 발을 담그고 서 있는 곳
나진이라 나긋나긋 불러보면
이보다 부드러운 이름 또 있을까
배가 드나들던 면 소재지 오일 장날이면
사람들 밀물처럼 들이치던 갯가에서
더 뜨겁게 제 몸을 데우던 장터
길목에 집을 짓고 가마솥을 걸었다
고추바람, 싸락눈 들판에 흩뿌려지는 날이거나
보슬비, 가랑비 지붕의 현을 타고 내리던 날
키 낮은 처마 밑 허리를 굽히면
미닫이문은 드르륵 재봉질하며 열렸다가 닫히고
"그라제. 그라제. 다일랍디여. 다일랍디여."
네모진 탁자마다 방언과 방언이 맞장구를 친다

이 마을 저 마을 소문과 소문이 두 귀를 건너
자리를 옮겨 앉는다
오늘의 특별메뉴는 기둥을 붙들고
손님들 얼굴을 바라보고 있는데
쏠린 눈을 뜨고 간재미를 먹어보는 재미
주인장 산수화를 훔쳐보는 재미
국밥 한 그릇이면 허기진 오늘이 없다

하지, 감자를 캐며

눈뜨는 씨눈 사이로
어머니 칼끝에 분가를 서두르던 감자들
추위에 한입 가득 불꽃을 물었던 아궁이 속
담아낸 고운 재를 몸에 바르고
땅에 묻혀 잠들면 잔설 속 살얼음에 떨지 말라고
비닐 이불을 끌어다 덮어주시던 어머니
손 마디마디 줄기를 올리고 잔뿌리 내릴 때마다
제 살 썩어가며 거름 되었네
그 양분 받아먹고 뿌리 끝 알차던 감자들
감자밭엔 흰 꽃이 피고 자주 꽃이 피었네

— 모난 돌 되지 말그라 와!

일찍이 대처로 흘러간 자식들에게 안부를 묻고
또 묻는 어머니가 당부하시던 그 말씀
물새알처럼 가슴속에 품고 살다가
모처럼 고향 길 찾아와 일손 거드는 오늘은 감자 캐는 날
푸른 줄기를 끌어당기면 지난날 어머니 젖 물던

어린 남매들, 줄줄이 매달려 나오는 흰 감자 자주 감자들
밭이랑엔 노란 바구니 객실을 단 새마을호 기차가 달리고
큰놈 작은놈 둥글둥글 모난 얼굴도 없어라

— 올핸 감자농사 잘되어 오지다!

주름진 어머니 얼굴엔 감자꽃이 피었네
온종일 하늘 길을 따라 굴렁쇠 굴리며 놀던 해가
서산 중턱에 앉아 솔바람 소리 듣는 초여름 날 한때
손에서 놓지 못하시던 걱정도 들밭에 내려놓고
욕심도 풀밭에 내다 버리며
자식들 손주들 주렁주렁 달고서
밭고랑 따라 걷는 어머니가 볼우물 가득
둥근 웃음 웃으시네

그 집 앞 슈퍼가 있는 동네

산그늘이 묵화를 그리는 마을
비라도 내리면 실로폰 소리 정겹던 양철지붕
빗물이 벽을 타고 뿌리를 내리기도 하던 집
지붕은 천막 우의를 입고 산다

산길을 걸어 내려온 단풍나무 발걸음
신발을 들고 물끄러미 내려다보는 공터
고구려, 신라, 백제 땅따먹기 전쟁을 벌이던 아이들
고개 숙여도 이마에 박치기를 하던 집으로 돌아가면
그 집 앞 슈퍼 앞에는 모든 길이
맨발로 다녀간 흔적이 남아 있다

깍두기 한 사발, 양은주전자 막걸리에 취한
날품팔이 아버지 등짐처럼 앉았다가 일어서고
비틀비틀 육자배기 한 소절로 걷던 골목길
돌담 어깨를 짚어 잠시 한 호흡 내려놓다가
다시 오르는 길, 멀다

눈깔사탕 하나에 눈길이 팔려
동전만큼 동공이 커지던 침흘리개 아이들
이제는 자라서 외지로 가고 없는 동네
난리통에 어린것들 젖 물리며 또 어떻게 살아왔는지
꽃씨를 묻던 할머니도 가고 없고
화단엔 주름진 손길만 무성하게 자라 꽃을 피운다

고향에 번지를 두고 온 난민촌
사글세 방세만 덕지덕지 전봇대에 붙어 있다
재개발 소문은 부레처럼 부풀고
번지도 없는 무허가 떴다방이 앉은 자리
뿌려진 전단지로 비행기를 접어 날리는 다문화 아이들

허리 굽은 담장은 무너지고 그 집 앞 슈퍼
그토록 한입 먹고 싶었던 보름달빵, 달이 뜬다
뜰의 금목서, 은목서 향기가 바람을 타고 날아간다
금이요 은이요 마을 밖까지 돈을 뿌리고, 돌아온다

고양이를 품다

길을 가는데 낯선 고양이
울음소리가 따라온다
멈칫, 바라보는 눈빛 날 좀 보자고 한다
고양이는 꼬리가 없다
주인이 고양이를 버렸는지 고양이가
주인을 버렸는지 그 내력은 모른다
뱃가죽이 붙어버린 울음을 울 뿐
배고픈 고양이는 몸에서 살이 달아나고 없다
한때는 음식과 물을 나누고
누군가 뜨거운 사랑을 가슴에 품었을 것이다
이부자리 속에서 머리를 쓰다듬으며
귓불을 어루만지며 교감을 나누었을 것이다
고양이가 다가와 다리에 털을 비빈다
무한의 신뢰란 무엇인가
고양이는 발소리를 언어로 알아듣는 차가운 귀가 있다
그늘진 나무 팔뚝 끝 옹이엔 아픔이 매달려 있다
뚝 떨어진다
뭉툭, 꼬리 잘린 고양이에게

떨구지 못하는 목숨이란 무엇인가
감처럼 익어가는 햇살 아래
고양이가 모로 눕는다

금빛건어물상회

육지로 마실 나온 갯바람이 살랑살랑
꼬리를 흔들고 걷는 상가 골목
은빛 머릿결 김 노인이 책을 들고 서 있는 집
낡은 의자 벽시계 하나 앉혀놓고 졸고 있는
금빛건어물상회에는 검은 등에 배꽃 무늬를 새긴
코숏* 만복이가 산다

무료한 시간을 보내며 손님을 기다리는 동공
발톱을 세우고 한때는 어둡고 습한
어둠을 향해 레이저를 쏘던 눈
야행성 짐승이 한낮에 쭈그리고 앉아
도시의 골목으로 숨어 들어가는
비릿한 생선 냄새를 훔치며 입맛을 다신다
하품을 하는 입은 무료한 시간의 방
열린 문으로 나가서는 다시 들어오질 않는다

마른다는 것은 제 뼈를 단단히 움켜쥐는 일
생멸에 빛이 내려 건멸이 되는 시간

서해바다를 품에 안고 이름표를 단
미역귀, 민어포, 다시멸, 중멸, 지가애리멸, 디포리……
하늘을 나는 연이 되고 싶었던 것일까
처마 밑 날줄을 붙잡고 마른 가오리가
남실바람을 타고 있다

뭉게구름이 짓는 기와집 한 채
붉은 해 애드벌룬을 더 높이 띄워놓고
출렁, 밀물처럼 손님이 들이치는 금빛건어물상회
만조의 바다에 오색 깃발을 꽂는다

---

*코숏: 고양이 품종인 코리안 숏헤어.

니르바나의 꽃

사바세계에서

출가한 저 스님

천년 세월

붉게 비워진 몸

니르바나*에 꽃을 피워

극락정토

등신불로

앉았다

―――――
*니르바나: 일체의 번뇌를 해탈한 최고의 높은 경지.

바람의 결

바람에도 결이 있다
가령 바람이 호수를 건너갈 때
바람은 부드러워지며
잔잔한 물결무늬를 갖는다
바람이 숲을 지날 때에는
바람은 나무의 내면으로 걸어 들어가
태엽이 감긴 무늿결을 갖는다
강을 건너갈 때에는 소용돌이치는
징의 물결무늬를 갖는 바람
바다 위를 건너갈 때
파도에 바닷새의 깃털 무늬를 새겨 넣는 바람
폭풍우가 들이칠 때
우리는 잠시 집을 떠나거나
방문에 못질을 하지만
바람이 불지 않는다고 해서
바람의 무늬가 없는 것은 아니다

용월사

용은 하늘에 있지 않고 바다에 있었다
달밭기미 재를 넘으면
달은 마을을 향해
탁발을 떠나고 없는데
남해, 고래여가 날숨을 뿜고 있다
솔숲 아래 바다는 푸른 물감을 풀어놓고

— 여기는 무량정진 기도처이오니……

해를 피워 올리는 법문 아래
천수관음보살 이마를 만지는 찬 이슬
똑, 똑, 똑, 또르르륵
스님의 예불 소리에
어제 이승을 버린 휘파람새는
벼랑 끝으로 와서 운다
며느리밑씻개는 어쩌자고 피어
길 문을 열고 있는가
수국은 또 어쩌자고 자색 입술을 깨물고

산 아래 풍장으로 누웠는가
용두에 앉아 있던 범종 소리가
바다로 떨어지자
파도가 공명을 울리고 가는,
용월사(龍月寺)*

---

*여수시 돌산읍에 소재하는 절.

나이테

차르르 시간의 태엽을 감고 있는 나무는
바람이 불 때마다 꼬리를 흔들고
헤엄치는 고기떼를 기르고 있지
북으로 혹은 남으로 걸어가며
해마다 몸집을 불려가고 있는 나무들

별빛이 눈을 깜박이는 산길에서
지워지지 않는 옹이 하나 가슴에 품고
눈물을 흘리고 있는 나무들
이것이 생의 끝이라 생각할 때
눈가에 맺히는 아득한 소실점
생장이 멈춘 자리에 나이테는 생겨나지

산맥의 혈을 짚으며 솟구친 산봉우리
하늘 가까이 바구니를 엮어 올린 새들의 집
숲 아래 대들보 하나 세우고 싶은 나무는
가슴 깊이 블랙홀을 갖고 있지

행간과 행간 사이
해마다 연륜을 쌓고 있는 나무들
수, 금, 지, 화, 목, 토, 천, 해
태양을 바라보며 멀어졌다 다가오는 행성
둘레길은 지금도 먼 우주로 팽창 중이지

게발선인장

푸른 것들은 언제나
따뜻한 발을 갖고 있지

눈 시린 하늘, 이마엔 흰 동백꽃이 피고
노란 물감이 풀리는 유채밭을 눈동자에 담는 바다
해안선 저 멀리 밍크고래 닮은 배 한 척
통, 통 날숨을 쉬고 있다

바람의 손끝이 한 페이지를 넘기고
또 한 페이지를 펼쳐 든 파도와 파도 사이
펄떡이는 문장을 읽으면
밑줄을 긋는 수평선

차가운 입술을 깨물어
한 계절의 심장을 겨누던 고드름은
머리를 쓰다듬는 햇살의 손길에
뚝, 뚝 눈물을 흘리고

둥근 수조를 손에 받들고
해달처럼 누워 있는 집
뜰에 아지랑이가 문어발로 일어서서
아롱거린다는 것은
화단에 꽃을 피우겠다는 뜻

바다를 앙 물어버린 집게발이
붉게 물든다

반드시 가야 할 그 길

가지 말자고 했다 더러는
가지 말라고 했다 누구는
돌부리가 비수를 품고 서 있는 그 길
가시덤불 우거지고
까마귀 우는 날

쓰러진다고 했다
스러져 가라앉는다고 했다
가라앉아 떠오르지 않는
우리들의 생

누구는 가지 말라고 했다
더러는 가지 말자고 했다

반드시 가야 할 그 길

제3부

숭어는 죽어서도 눈을 감지 않는다

숭어잡이를 본 일이 있는가?
수 척의 배, 수십 명의 사람이 에워싸고
그물을 들어 올리면
숭어는 몇 번이라도 그물을 넘는다
목숨이 다할 때까지 그물코를 찢어놓는다
그물에 갇힌 숭어가 튀어 올라
뱃전에 서 있는 어부의 다리를
부러뜨리고, 큰 배를 뛰어넘어 갔다는 것은
허풍이 아니다
전어란 고기는 사람 손에 잡히면
제 성질에 부르르 몸을 떨다
목숨을 끊어버리지만
숭어는 뱃전에 올라서도 더 높이 튀어
바다를 향해 뛰어내린다
뭍에서도 들숨 날숨을 쉬며
눈빛을 놓지 않는다 그것은
절망을 모른다는 것

어머니의 겨울 바다

한바다
여덟 물때의 산길을 넘어가는 어머니
재 너머에 서면
영등의 바다는 허벅지를 드러내고
속살까지 다 보여준다
호미 끝에 걸린 살진 조개가
바구니 가득 담겨온다
어미 새의 마음을 담았을까
조새*로 굴을 쪼면
갯바위엔 매화꽃이 피었다
간조의 해안선보다 멀리
바다를 밀고, 돌아오는 어머니
밀물이 지면 바닷물에 생굴을 고른다
밀물에 마중을 나간 나는
삭정이를 모아 불을 피우고
말없이 찬바람에 젖은
어머니의 눈시울을 닦아 드린다
늦은 밤 식구들 둘러앉아 수제비를 끓이면

조갯살 같은 바다가 씹힌다
이불 속 어린 남매는 등을 붙이고 잠이 들고
어머니는 꿈속 항구에 닻을 내린 아버지를 만나는지
선잠 뒤척일 때마다 물너울이 일었다 앉는다
눈 시린 어머니의 겨울바다엔
불빛 환하다

---

*조새: 새의 머리 형상을 닮은 굴 채취 도구.

갯마을에 눈꽃이 핀다

바다는 제 가슴속에다 얼음 불을 놓는다
뜨겁고, 그러나 고달픈 옹이 하나씩 가슴에 품고
살아있는 섬, 푸른 해안의 경계엔 북풍이 불고
추워질수록 여문 굴을 따는 갯마을 사람들
바다는 퍼내어도 마르지 않는 샘

썰물이면 수로를 따라 손금을 보여주고 있는 바다
섬 아낙들을 실어온 배는 여에 닻을 내리고
굴을 딴다, 섬의 곶부리를 딛고서
동백 그 붉은 혀처럼 뚝, 지는 해

갯가엔 비닐로 지은 둥지 모닥불이 지펴지고 있다
불은 어미 가슴의 압화를 적시며
아낙들의 저린 발등을 시린 아이들의 손바닥을
꼭 끌어안아 준다
조새의 부리에 석화는 다문 입을 열고 있다
발아래 쌓이는 패각을 퍼다 버리는 사내들
팔뚝이 불끈 굴 막을 떠받치는 기둥을 닮았다

불가사리별을 단 하늘
섬을 내려다보는 동지섣달의 저 어둠 새 한 마리
밖엔 찰박찰박 걸어오는 밀물의 발자국 소리
갯마을에 눈꽃이 핀다
등(燈)이 내걸리는 마을로 생굴 지고 가는 사람들
발걸음을 가만가만 밀어주는 만조의 바다엔
둥둥, 북을 치며 보름달이 뜬다

꿈
— 성옥에게

    내 친구는 바다가 고향이죠 보름달이 뜨면 바닷물이 월담을 하고 하얀 발자국을 남기며 가는 집, 태풍이 들이칠 때는 그냥 마당이 바다이던 집이였죠 갯가 따라 해변을 오르내리던 굴 껍데기 쌓인 동네, 대나무밭 병풍을 두르고 살았죠

    친구 아버지는 인텔리겐차 첫새벽이면 푸른 넥타이를 매고 길을 실어 나르던 나룻배를 타고 뭍으로 갔죠 선잠 깬 눈으로 찡긋, 라디오 주파수를 맞추면 흘러나오던 "안녕하십니까? 오늘의 어업 현황을 말씀드리겠습니다." 경쾌한 목소리가 바다를 가르고 파도를 탔죠 불러주는 좌표를 따라 항해하다 보면 어느새 먼바다 남지나해에 닻을 내리고 그물을 펼쳤죠 어창 가득 차오르는 은빛 물고기를 싣고 오색 깃발을 휘날리며 항구로 돌아왔죠

    친구는 코미디언, 어린 시절부터 우리 동네 가수 꽃피는 봄이면 감나무에서 양푼을 두드리며 노랠 불렀죠 친구는 꽃이 다 져도 감나무를 내려오질 않았죠 한 생이 감나무에 붙어버린 매미처럼 여름날이 다 가도록 피 토하듯 노랠 불렀죠 "당

신과 나 사이에 저 바다가 없었다면 쓰라린 이별만은 없었을 것을……"*

  가슴 아프게, 이제는 세월의 뒤안길을 돌아 북을 치죠 호두처럼 주름진 얼굴에 분을 바르고 외눈박이 등대가 눈을 뜨는 섬을 돌아 해당화 수(繡)를 놓는 바다 뱃길을 타고 있죠 꿈을 실은 유람선 공연 단장이 된 퓨전 각설이, 바다가 집인 나의 친구 성옥

---

*가수 남진의 〈가슴 아프게〉 노래 가사.

와온포구

1
갯벌은 살아있다
햇살이 닻을 내린 썰물 진 포구에
흑갈색 젖은 옷을 입고
배를 밀고 가는 짱뚱어
성(城)을 쌓는 칠게, 낮술에 취한 사내들의
붉은 팔뚝 같은 농게의 춤사위
아낙네의 서러움을 실어 나르던 고막배는
허리 굽은 해송 아래
몸을 기대 서 있다

갯벌에 갇힌 생
혼자서라도 건저내고 싶은 삶은
또 얼마나 외로운 것이랴
고막 같은 입술을 깨물면
밀물지는 포구의 바다는 포말처럼
펄펄펄 끓어오르고
칠면초 군락을 이룬 마을을 덮는다

2
포구에 말뚝을 박은 어둠
닻줄을 묶는 사내의 시린 손이 파래 같다
해풍의 바다는 토방에서도 출렁이고
그물에 갇힌 미명의 비늘들을 털어내면
들물의 숭어처럼 뛰어오르는 해
와온포구의 대문은 언제나
피안의 바다 쪽으로 열리고
수로를 따라 밧줄을 당겨가는
어부들의 한 생애가 아침 바다를 깨운다

꽃낚시

배 위의 사내
낚싯대를 드리우고 있다
반짝이를 잘라 미늘에 옷을 입히자
바다에도 꽃이 핀다
꽃술에 미늘을 숨긴 공갈 낚시
숭어 호기심을 낚아 올리는
꽃낚시엔 미끼가 없다

와불

운주사에
와불 누워 있다

잠든 아내
와불 같다

한낮 아내의 몸은
있고도 없다

금오도

물안개 번지는 한지 같은 새벽
검바위를 안고 산길을 오른다
날개 젖은 어린 풀꽃들은 새벽잠이 깊구나

망망대해 상형문자로 떠 있는 섬, 섬들……
수평선 굳게 닫힌 문 열고
바다의 뜰을 걸어 나오는 해를 본다

누가 저 푸른 바다에
이 많은 치자 꽃물을 부었나?
길도 놀라 몸 움츠리는 절벽에는
풍란 향기 피어나고 있다
섬노루귀 귀를 세우는
적막의 숲에선 휘파람새 날아올라
바다로 간다

해안선엔 흰 파도의 뿔
자갈돌 자그락자그락

몸 추스리며 일어나 앉고
동백꽃은 피어 바다에 몸을 던진다

하늘 오르지 못한 선녀의 사랑 이야기가
돌담을 넘어오는 포구
용두머리 해송 몇 그루 가슴에 심어두고
직포는 베틀에 앉았다

삼학집

해안선 줄을 당겨 가면
집 한 채 바다에 뿌리를 내리고 서 있네

만선기를 꽂고
황포돛배가 닻을 내리던 종포나루
고깃배 통통통 지나갈 때마다
철썩이는 파도에 푸른 물이 드는 집

돌산대교가 창문에 걸터앉아
풍경화 그리는 그곳
껍질 벗은 서대는 도마 위에 싱싱한데
구봉산 붉은 해 어슷어슷 넘어가네

무, 부추, 마늘, 생강 초고추장에 몸을 섞고
쑥갓이며 미나리, 상추, 들깻잎
둘러앉아 쌈을 싸는 밤
침샘에 새콤한 맛이 고이면
버무려 맛을 내고 싶은 것이

세상 어디 양념뿐이랴

술잔 앞에 두고 내 곁에 없는 사람아
우리 젊음은 허리 드러낸 갯벌,
누군들 저 밤바다에
은물결 타고 흘러간
꽃배 하나 띄우지 않았으리

삼학집 솔가지 낮은 처마 아래
학으로 앉아 술잔 속에 달을 띄우면
밀물 드는 바다엔
행간마다 밑줄을 긋고 가는 파도
여수항 하멜등대가 해당화 꽃등을 달았다

은적암을 찾아서

다리를 건너니 섬이로다
구불구불 흔들리며,
흔들며 은적암* 가는 길
사바(娑婆)엔 곧은 길 하나 없구나

무술목에 다다르니 해탈을 한 걸까
옆구리를 툭툭 치며 달리는 차들
소음 속에서도 대미산은
면벽 수도하는 지눌처럼 꿈쩍 않는다

평사리를 빗어 넘기는 바람
들판에선 갓 향기가 코끝에 싸하게 걸리는데
금천은 굴을 바다에 넝쿨 넝쿨 늘어뜨리고
수묵화를 담았다

태고 이래 풍상을 견뎌온 천왕산
석란은 직벽을 타고
800년 암자는 절벽 아래 고즈넉이 앉았다

하늘 문을 열고 날아오는 새
암자에서 바라보는 바다는 부처의 마음인데
목어는 섬진강을 헤엄쳐
화엄사 연못에 사는지 보이지 않고
처마 끝 풍경 소리
마디마디 꽃망울을 흔들어
동백꽃을 피운다

---

* 은적암: 여수시 돌산도 소재. 1195년 지눌대사가 창건하였다.

북항

그늘이 자라 숲을 이룬 팔각정에 앉아
머플러 여인이 수채화를 그리고 있는 북항*
바다를 품에 안고 싶은 사람들은 모두
해로를 따라 압해도 선착장을 바라보고 있다
화포(畫布) 안에 집을 짓고 있는 것은
풍차일까, 등대일까?

압해대교 아치 위에 앉아 있던 해가
천천히 미끄럼을 타고 바다로 내려온다
율도, 오도, 용출도, 구례도
징검다리를 밟고 건너오는 노을
황금빛 꽃가루를 한 움큼 뿌려놓고
누군가를 기다리고 있다

시침이 손짓으로 가리키는 시간
어둠은 갑오징어 먹물을 찍어 바다에 뿌리고
신기루일까 도시의 허리를 휘감고 떠오르는 해무
유달산이 하늘 위를 섬처럼 떠다니고 있다

항구엔 주름진 갯벌 저녁이 온다
들여다보면 멍울이 든 푸른 바다
더 깊은 곳으로 헤엄쳐 들어가는 야광 물고기

LED 조명이 눈을 반짝이며 공원을 내려다볼 때
첨벙첨벙 물장구를 치며 오는 모든 그리움
방파제 끝 마주 보는 쌍둥이 풍차등대가
날개를 퍼덕이며 불빛으로 일어서고 있다

---

*북항: 목포에 있는 항구.

복개도가 있는 마을 풍경

누가 원(圓)을 돌았을까
여덟 그루 느티나무가 맞잡은 손
평상 위로 제 그림자를 드리우는데
정오의 태양은 장수정(長壽亭)에서
목침을 베고 누웠다

방파제를 따라
해넘이 길은 섬을 품에 안으며
마을을 돌아 해룡으로 간다
썰물, 갯벌이 열리고 있다
도요새의 총총 걸음으로 걸어보는 바다
밀물이 달려오면 복개도는 문을 닫고
무인도의 성(城)이 된다
들에선 한우가 그렁그렁한 눈망울에
눈물 같은 파도를 담았다

현천 자락엔 몇 대의 삶을 이어오신 송암(松菴) 선생
문안 인사드리면 주인 닮은 대나무는 청청(靑靑)

하늘에 붓글씨를 쓰고

한옥은 바다를 향해 가부좌로 앉고

마실 나온 바닷바람이 사랑채를 걸어 들어와

원고지를 팔랑 넘기며

시를 읽고 간다

와온의 사랑

길을 당겨 차를 달리자
마주 걸어오며 손 흔드는 배롱나무
순한 짐승의 등에 따뜻한 빛이 누워 있는 와온
알몸의 바다는 광활한 갯벌의 화폭 위에
수묵화를 그리고 낙관을 찍고 있다

허리띠를 두른 해변의 고운 모래톱
카메라 뷰파인더 창을 열고 삼각대를 펼치면
자분자분 걸어 들어오는 물새들
시옷, 시옷, 쌍시옷 갯벌에 찍히는 불문자들
일생이 무지갯빛 삶인 칠면초
붉게 물들어가는 S자 물길을 따라
화포로 꽃구경을 갔던 바닷물이 밀려온다
와온 뜰에 집터를 잡는다

선창에 서면 두 팔 벌려 반기던
칠게며 농게의 환영 같은 군무
갈대의 머릿결을 빗어 넘기던 바람의 손길

너에게 네가 그리웠지 말했던 와온
채묘장에서 상처 입은 젖은 대나무들은
섶에서 걸어 나와 대문 앞에 우두커니 서 있다

해룡면 상내리 바닷가
물너울에 선잠 깬 배 한 척 몸을 뒤척이고 있다
노랑부리백로가 해를 물고
솔섬 품 안으로 날아와 깃을 접는 시간이면
해당화 붉은 노을 어깨에 기대선 연인들의 실루엣
와온의 사랑이라 적으며 셔터를 누른다

타리파시

바다에도 길이 있어 타리항 가는 길
서해를 달려오는 파도를 온몸으로 막아서는 섬, 섬
묻타리엔 모래톱이 바다 아래 숨어서
고래처럼 흰 거품을 품어내고 있다

봄이면 해변에 초막으로 지은 집들 뚝딱 일어서고
밤바다는 야광충들의 군집 네온 빛으로 빛나고
하늘에선 모든 별이 마실을 나와 바다에서 춤을 춘다
황토 마당가엔 바람개비를 돌리며 피어나는 하얀 치자꽃
돌담 울타리 너머로 능소화가 꽃등을 밝히면
부레가 부풀어 우는 물고기 떼
파시의 계절이다

사랑이 그리운 민어 떼는 육지 가까이 다가온다
밤새 목청을 가다듬고 짝을 부르는 사랑 노래
무타리에서 하우리 포구까지 펼쳐지는
절정의 팔월은 민어의 계절이다

삼십 리 대광백사장에 볼이 붉은 해당화
달이 찬다 백합 같은 여인들의 꽃망울도 부풀어
달거리 하는 임자도는 온통 꽃밭이다
향을 날리는 들깨밭이다

세상 민어 부레만 한 쓰임새가 어디 있으랴
장인의 손에선 장롱, 문갑 가구가 일어서고
합죽선 부챗살이 바람을 가르고 손가락을 편다
무소의 뿔을 잡고 놓지 않는 부레풀
활이 당기는 건 시간일까? 과녁일까?

이제는 전설 속으로 가고 없는 그 시절
장구 장단에 흥이 돋아나던 노래 한 소절만 남고
서늘한 바람의 무동을 타며 건어가 되고 있는 민어들
황혼빛이 빗금을 긋고 내려오는 선창에서
노부부가 손을 잡고 해안길로 걸어 들어가며
임자, 임자 부르는 임자도

닻

바닷가에 닻이 놓여 있다
막대의 긴 코를 물 밖으로 내밀어
물결이 일 때마다
은밀히 숨을 쉬고 있다
플루크*의 혀로
갯벌의 입술을 핥고 있는 닻
어쩌면 저것은
악착같이
갯벌 속으로 제 몸을 파고들던
코끼리조개가 전생인지도 모른다

*닻 갈고랑이의 넓적한 부분.

해설

언어의 붓이 그리는 풍경의 힘
— 강성재 시집 『그 어디에도 살지 않는다는 말』 읽기

오민석 문학평론가·단국대 교수

1.

이 시집에는 다양한 풍경들이 등장한다. 그의 시는 청각이나 촉각보다 시각에 더 가까이 가 있다. 그의 언어는 붓처럼 색깔과 음영과 얼룩을 만들며 보이지 않거나 잊힐 것들을 그림처럼 기록한다. 카메라가 우리에게 기억의 부담을 덜어주는 것처럼(존 버거 J. Berger), 강성재 시인이 무언가를 포착하는 순간, 우리는 그것의 기억으로부터 자유로워진다. 우리는 그의 시 덕분에 사라질 유년에 대해 안타까워할 필요가 없으며, 고향의 아름다운 자연이 뇌리에서 잊힐까 고민하지 않아도 된다. 우리는 그의 시 덕분에 잊을 수 없고 잊어서도 안 될 사회·역사적 순간들을 잠시 놓아도 된다. 그는 유년과 자연과

사회사적 사건들을 정확히 잡아내 표상(representation)의 액자 안에 담아놓는다. 우리가 할 일은 천천히 그의 시를 읽어주는 것, 그가 그린 언어의 그림을 느린 속도로 감상하는 것밖에 없다. 그러할 때 우리는 우리가 잃어버린 자연과 유년과 역사적 사건들이 하나하나 다시 살아나는 것을 느끼며, 그 위에서 도래할 미래의 풍경을 다시 그려보게 된다.

> 허공의 뜰에 눈이 내리는 날이면 나는
> 겨울 자작나무 숲으로 간다
> 지상엔 눈부신 눈밭
> 올곧은 기도가 하늘에 가닿는 산 아래
> 숲을 이룬 나무들은 왜 흰 살결인가를 생각한다
> 상처 없는 나무는 없다
> 한 생을 나도 상처 입은 나무처럼 살았다
> 아니 제 상처를 핥는 짐승처럼 살았다
> 이곳에 와서 나는 다친 몸을 끌고
> 어디론가 흔적 없이 사라지던 눈표범을 생각한다
> 시베리아 바이칼호, 티베트 고원의
> 눈 쌓인 설원을 생각한다
> 귓불을 잡아당기며 산정을 넘는 칼바람 소리
> 지난가을 천 개의 씨앗을 가슴에 품은
> 자작나무 열매는 씨방의 문을 열고

바람이 불 때마다 하나, 둘
새를, 나비를 멀리 날려 보냈다
흰 피부에 검은 상처를 안고 있는 나무들
때론 나무의 상처가 위로가 될 때가 있다
지상으로 꺾인 나무는 불 속에 몸을 던져
자작자작 말을 건네 오고
다시 청보랏빛 하늘을 뒤덮는 눈보라의 군무
가지마다 점묘화로 피어나는 눈꽃송이들
겨울 숲에서 얼마나 손발이 시려야
그대의 따뜻한 가슴에 닿을 수 있는 것인지
산등성이에서 나는 한 그루 자작나무가 되어
오래도록 당신을 기다리며* 서 있다
—「나는 겨울 자작나무 숲으로 간다」 전문

강성재 시인이 그리는 자연은 대상의 작은 점에서 시작하여 거대한 풍경으로 확대된다. 한 그루 자작나무는 "다친 몸을 끌고/어디론가 흔적 없이 사라지던 눈표범"으로 옮겨지고, "티베트 고원의/눈 쌓인 설원"으로 갔다가, "천 개의 씨앗을 가슴에" 품고 "바람이 불 때마다 하나, 둘/새를, 나비를 멀리 날려" 보내는 풍경이 된다. 이런 장대한 광경은 시인의 환유적 상상력이 가동되는 궤적을 따라 부챗살처럼 넓게 펼쳐진다. 이것이 외적 풍경이 전개되는 모습이라면, 시인은 그것에 화자의 내면의 풍경을 포갠다. 바깥의 풍경이 움직이며 확장되는 동안, 화자는 "제 상처를 핥는 짐승처럼" 살아온 자신을 들여다보고, 마침내 풍경이 완성되었을 때 "오래도록 당신을 기다리며 서 있"는 "한 그루 자작나무"가 된다. 이 시가 장대하면서도 동시에 고요한 서정성의 둥지로 내려앉는 것은 이처럼 표상을 이중으로 배치하기 때문이다.

> 꽃은 흰 피를 흘리며 피어나고
> 길은 절뚝거리며 우리 곁에 걸어온다
> 서러운 봄날이여
> 가시에 찔려 울어보지 않은 새가 어디 있겠는가?
> 눈물로 쏟아지는 빗속에서도
> 바람의 날개는 젖지 않고 날아가느니
> 붉은 발톱에 봄날이 다 찢겨간다 해도
> 사람아, 울지 마라
> 상처에서 돋아나는 천 개의 눈
> 만 개의 잎잎이 손바닥을 펼치고 있다
> ―「봄날을 위한 시」 전문

이 시가 힘을 얻는 것은 고통과 희망의 가열(苛烈)한 대립 때문이다. "흰 피", "절뚝거리며", "서러운", "가시", "눈물", "붉은 발톱", "찢겨", "상처" 등 부정(否定)의 기표들이 계속

축적되다가, 갑자기 "사람아, 울지 마라"는 정언명령 같은 문장이 나오고, "상처에서 돋아나는 천 개의 눈/만 개의 잎잎이 손바닥을 펼치고 있다"는 선언으로 이 시는 끝난다. 스타카토처럼 끊어 치는 격렬한 부정의 언사들은 마치 봄을 시샘하는 꽃샘추위 같다. 시인은 수집할 수 있는 부정의 기표를 다 모아놓은 후, 그것들을 한 방에 날려버린다. "천개의 눈/만 개의 잎잎"을 막아낼 겨울은 없다. 최후 승리로서의 봄, 그것은 어렵게 더디 오지만, 시인이 생각하는 '도래할' 미래의 최종적인 모습이다. 그는 따지고 보면 '희망'의 시인이다. 이 이야기는 뒤에 가서 더 하기로 한다.

2.

아름다운 자연 다음으로 시인의 시선을 끄는 것은 유년 혹은 고향의 풍경이다. 그것은 사실 누구에게나 정념(情念)의 계보학 제일 꼭대기에 있는 것이 아닌가. 그렇지만 강성재 시인에게 있어서 유년 혹은 고향 인근의 풍경은 더욱 각별한 의미를 갖는다. 그것은 그런 공간과 시간이 먼 과거에서 현재까지 계속 이어져 내려오고 있기 때문이다. 유년과 고향의 크로노토프(chronotope)는 그의 과거이자 동시에 현재이므로, 그에게 가장 큰 깊이와 폭을 가지고 있다. 이 시집의 절반 이상의 시편들이 이런 시들로 이루어져 있는 것도 무리가 아니다.

하현달 국도가 속눈썹을 달고 지나가는 마을
그리운 옛 이름 나지개
낮은개 포구가 감싸 안은 푸른 얼굴
산과 들, 전봇대 하나
물무늬 바다가 보고 싶었던 것일까
바닷물에 발을 담그고 서 있는 곳
나진이라 나긋나긋 불러보면
이보다 부드러운 이름 또 있을까
배가 드나들던 면 소재지 오일 장날이면
사람들 밀물처럼 들이치던 갯가에서
더 뜨겁게 제 몸을 데우던 장터
길목에 집을 짓고 가마솥을 걸었다
고추바람, 싸락눈 들판에 흩뿌려지는 날이거나
보슬비, 가랑비 지붕의 현을 타고 내리던 날
키 낮은 처마 밑 허리를 굽히면
미닫이문은 드르륵 재봉질하며 열렸다가 닫히고
"그라제. 그라제. 다일랍디여. 다일랍디여."

—「나진국밥」 부분

  강성재 시인에게 과거는 "그리운", 그리고 "부드러운" 곳이다. 그것은 집단적이고, 관계적이며, 풍성하고, 따뜻한 시간이다. 과거는 그의 현재를 더욱 풍요롭게 만든다. 그의 현재가

바로 그 따뜻하고 풍성한 공동체에서 나왔기 때문이다.

> 초등학교 입학식 날
> 개나리색 어머니를 가슴에 달고
> 나는 종달새가 되어 산을 넘었다
> 혼자 개울가에 발자국 징검다리를 놓으며
> 외로이 들길을 가로질러
> 이제 막 피어난 작은 들꽃이 되었다
> 도시로 끈을 이어주던
> 푸른 소나무 시오리 길
> 바다를 실어 건네주던 나룻배
> 내내 어머니 손을 놓지 못하는 아이들과
> 풍금처럼 우는 아이들과
> 운동장 가운데 앞으로 나란히
> 오래도록 서 있던 그날
> 이후, 빵을 굽는 어머니
> 가슴속에 놓여 닳고 닳아
> 읽히고 있는 책 한 권의 제목을
> 나는 결코 지우지 못한다
>
> ―「책과 빵」 전문

"종달새"와 "작은 들꽃" 같던 어린 시절은, 어머니와 아이들과 "앞으로 나란히" 서 있던 운동장과 더불어 화자의 기억 속에 깊이 각인되어 있는 풍경이다. 그것은 화자의 '자아 계보학(genealogy of the self)'의 먼 기원이다. 시인은 마치 문헌학자처럼 기억의 낡은 텍스트를 뒤져서 그 낡은 "책 한 권의 제목"을 찾아낸다. 그리고 그것을 "결코 지우지 못한다". 이 '지우지 못함' 때문에 '과거'의 시공간은 그의 '현재'가 된다.

> 갯가엔 비닐로 지은 둥지 모닥불이 지펴지고 있다
> 불은 어미 가슴의 압화를 적시며
> 아낙들의 저린 발등을 시린 아이들의 손바닥을
> 꼭 끌어안아 준다
> 조새의 부리에 석화는 다문 입을 열고 있다
> 발아래 쌓이는 패각을 퍼다 버리는 사내들
> 팔뚝이 불끈 굴 막을 떠받치는 기둥을 닮았다
>
> 불가사리별을 단 하늘
> 섬을 내려다보는 동지섣달의 저 어둠 새 한 마리
> 밖엔 찰박찰박 걸어오는 밀물의 발자국 소리
> 갯마을에 눈꽃이 핀다
> 등(燈)이 내걸리는 마을로 생굴 지고 가는 사람들
> 발걸음을 가만가만 밀어주는 만조의 바다엔
> 둥둥, 북을 치며 보름달이 뜬다

—「갯마을에 눈꽃이 핀다」 부분

 그가 그린 고향 인근 혹은 유년의 풍경은 대체로 부정적이지 않다. 그것에서 가난과 노동의 고통은 전경화(前景化)되지 않는다. 그런 그림에서 앞으로 튀어나오는 것은 따뜻한 공동체와 작은 희망 같은 것들이다. 이것은 과거를 바라보는 시인의 세계관을 비대칭적으로 보여준다. 시인은 세계의 좌절과 상처와 절망을 이해하지만, 그것에 무너지지 않는다. 그는 힘든 노동을 이겨내는, "불끈" 일어나는 "팔뚝"의 존재를 믿으며, 가난 속에서도 "북을 치며" 떠오르는 "보름달", 그리고 노동에 지친 사람들의 "발걸음을 가만가만 밀어주는 만조의 바다"를 잊지 않는다. 그는 고통을 과장하지 않으며, 절망의 낭만주의에 빠지지 않고, 관념과 싸구려 정념에 몸을 맡기지 않는다. 이런 점에서 그는 '건강한' 시인이다. 그는 절실하게 사물을 들여다보며, 자연과 세상을 따뜻한 시선으로 품는다. 이 따뜻한 시선이, 과거를, 세계를, 따뜻하게 만든다.

> 술잔 앞에 두고 내 곁에 없는 사람아
> 우리 젊음은 허리 드러낸 갯벌,
> 누군들 저 밤바다에
> 은물결 타고 흘러간
> 꽃배 하나 띄우지 않았으리

삼학집 솔가지 낮은 처마 아래
학으로 앉아 술잔 속에 달을 띄우면
밀물 드는 바다엔
행간마다 밑줄을 긋고 가는 파도
여수항 하멜등대가 해당화 꽃등을 달았다

―「삼학집」 부분

 바다가 보이는 술집에 앉아 "내 곁에 없는 사람"을 생각하는 고즈넉한 풍경은, 쓸쓸하면서도 따뜻하다. 멀리 등대가 "해당화/꽃등을 달" 때까지 "학으로 앉아 술잔 속에 달을 띄우면" 얼마나 적막할까. 그러나 우리는 그 고요 속에서도 "누군들 저 밤바다에/은물결 타고 흘러간/꽃배 하나 띄우지 않았으리"라는 시인의 정감 어린 위로를 듣는다.

3.
 자연과 유년 혹은 고향의 풍경 외에 강성재 시인의 세계를 구성하는 또 하나의 중요한 풍경이 있다. 그것은 사회·역사적 풍경이다. 시인이 이렇게 자신의 사적 공간만이 아니라 '바깥'을 사유할 때, 시인의 세계관은 총체적인 것이 된다. 본디 전체와 분리된 개체란 없으며, 개체적 관계의 확산이 전체이다. 그러므로 개체와 전체에 대한 동시적 사유 혹은 중층적 사유야말로 모든 온전한 생각의 필수 조건이다. 강성재의 시는 시스템의 문제를 건드림으로써, (유년이나 고향 같은) 사적 공간을 바라보는 그의 시각조차도 낭만적 주관성이 아니라는 사실을 확인시켜준다. 그는 낭만적 주관이 아니라 역사적 진실을 향해 있으며, 그 큰 틀 안에서 세계의 부분들을 읽어낸다.

    이 거리에 봄이 오면 잊을 수 있을까
    막다른 골목으로 쫓기던 사내 하나
    가슴이 찢겨진 셔터문의 비명과
    바닥으로 나뒹굴던 동전 몇 닢
    길에서 쓰러진 자전거는 주인을 잃어버리고
    집으로 걸어가던 발걸음을 담지 못하던 신발들
    총성 속으로 일제히 날아오르던 무등산 멧비둘기 떼

    …(중략)…

    살아나 다시 이 거리를 내달리면 잊을 수 있을까
    목쉰 사내의 절규, 울먹이던 버드나무 소녀와 까까머리
소년들
    강의실마다 쓰다 만 대학노트 위에 눌러쓰던 그 이름
    불러보리 사무치게 떨리는 손을 잡고

후렴부터 부르리 마디마디 꺾이다 만 노래를 마저 부르
리

박달나무 아래 쓰러진 이름들

개머리판 아래 짓이겨진 이름들

트럭에 실려 돌아오지 않던 이름들

—「다시, 금남로에서」 부분

 서정적 아름다움으로 꽉 찬 그의 시집 여기저기에 이런 시들이 흩뿌려져 있다. 사회·역사적 의미소들의 이 산개(散開 dissemination)야말로 그의 시의 거대한 배경이다. 세계는 다양한 힘들의 길항(拮抗)으로 이루어져 있다. 그 자장(磁場)의 무수한 궤도에서 누군가의 유년이 생기고 누군가의 고향 이야기가 형성된다. 강성재 시인이 이런 의미소들을 산개시켜놓지 않았다면 그의 이야기들은 사적 서사(trivial narrative)로 전락했을지도 모른다. 그러나 그는 이 시집의 외곽에 이렇게 커다란 서사를 흘려놓음으로써 시스템과 개체 사이에 거미줄처럼 퍼져 있는 관계를 복원한다.

막차를 기다리며

마지막 희망을 생각한다

쓰러지고 쓰러져서도 다시 살아오는

오월을 생각한다

몸 다 넌 이 한철

막차를 기다리며

뼈까지 얼어붙는 성에를 털어내며

나는 알몸이 된다

벗어본 사람만이 부끄러움을 알고

부끄럽지 않은 겨울나무가 된다

오리라는 그대 오지 않고

어둠이 더 큰 먹으로 세상을 지울수록

나는 이마에 그리운 등불 하나를 걸어둔다

맑은 눈의 그대가 와서

외롭지 않도록

—「막차를 기다리며」 전문

"막차"는 아직 실현되지 않은, 아직 오지 않은 '잠재성'의 미래이다. 그는 그것을 "마지막 희망"의 시선으로 기다린다. 세상이 어두워질수록 "이마에 그리운 등불 하나를 걸어"두는 것이야말로 '잠재성'을 '절대적 현실'로 전화하려는 주체의 삶의 방식이다. "맑은 눈의 그대"는 도래할 마지막 미래이다. 이 도저한 태도의 근저에는 절망의 끝에서도 희망을 놓지 않는 분투의 자세가 있다.

숭어잡이를 본 일이 있는가?
수 척의 배, 수십 명의 사람이 에워싸고
그물을 들어 올리면
숭어는 몇 번이라도 그물을 넘는다
목숨이 다할 때까지 그물코를 찢어놓는다
그물에 갇힌 숭어가 튀어 올라
뱃전에 서 있는 어부의 다리를
부러뜨리고, 큰 배를 뛰어넘어 갔다는 것은
허풍이 아니다
전어란 고기는 사람 손에 잡히면
제 성질에 부르르 몸을 떨다
목숨을 끊어버리지만
숭어는 뱃전에 올라서도 더 높이 튀어
바다를 향해 뛰어내린다
뭍에서도 들숨 날숨을 쉬며
눈빛을 놓지 않는다 그것은
절망을 모른다는 것

─「숭어는 죽어서도 눈을 감지 않는다」 전문

대부분의 현대시는 좌절과 절망을 브랜드로 내세운다. 그러니 이렇게 힘찬 희망의 찬가는 얼마나 낯선가. 그러나 이런 희망이 없다면, 이런 믿음이 없다면, 어떻게 '좋은' 미래를 꿈

꾸고, 어떻게 악몽의 현재를 견딜 것인가. 앞에서 강성재를 '희망의 시인'이라고 했거니와, "인간은 파괴될 수 있지만, 결코 패배하지 않는다"(『노인과 바다』)는 헤밍웨이의 그 유명한 선언은 그대로 '숭어 시인' 강성재의 고백이기도 하다.

이 도서의 국립중앙도서관 출판시도서목록(CIP)은 서지정보유통지원시스템 홈페이지(http://seoji.nl.go.kr)와 국가자료공동목록시스템(http://www.nl.go.kr/kolisnet)에서 이용하실 수 있습니다.(CIP제어번호: CIP2020048412)

문학의전당 시인선 0333

그 어디에도 살지 않는다는 말

ⓒ 강성재

초판 1쇄 인쇄 2020년 11월 20일
초판 1쇄 발행 2020년 11월 27일

      지은이 강성재
      펴낸이 김석봉
      디자인 헤이존
      펴낸곳 문학의전당
    출판등록 제448-251002012000043호
        주소 충북 단양군 적성면 도곡파랑로 178
        전화 043-421-1977
    전자우편 sbpoem@naver.com

    ISBN 979-11-5896-496-2 03810

* 이 책의 판권은 지은이와 문학의전당에 있습니다.
* 양측의 서면 동의 없는 무단 전재 및 복제를 금합니다.
* 잘못 만들어진 책은 바꿔드립니다.
* 이 시집은 문화체육관광부, 한국장애인문화예술원의 후원을 받아 2020년 장애인 문화예술 지원사업의 일환으로 발간되었습니다.